三好真史

わかった!!
習熟を深めて
確かな学力をつける!

完全習得学習入門

清風堂書店

はじめに

教師は、授業で教科内容を教えます。

教えた後にテストを行い、子どもの学びの様子を確認します。

一見すれば、それは当たり前のやり方です。

しかしながら、この方法には、どこか慢心があるともいえます。

それは、「教師である私は教えるべきことを教えた。学べていないのは子どもが悪い」という考え方です。


学校では、授業で教科内容を教えて、後は宿題や自主学習で復習させて、テストを課すような構造ができあがっています。

習熟の時間は、もっぱら宿題などの家庭学習に頼っており、学校の授業内にはほとんど設けられていないのです。

カリキュラムの多さから鑑みても、それは自然な流れといえるのかもしれません。

しかし、本書は、そのような授業の構成を否定します。


適切な時間を設定して、適切な指導さえやれば、どの子もできるようになる。

ただ、できるようになるための時間が、子どもによって違うのです。
だから、できるようになるために、授業時間の中に習熟の時間を用意します。
そうすれば、学級全体の成功経験が得られるようになるはずです。
まだできない子どもには支援して、どの子もできるようにさせるのです。
そんなに難しいことではありません。
準備も大して必要ありません。
学級の子どもたち全員に、「できる」体験を。
完全習得学習の思想と方法で、学級の子どもたちの力を確実に伸ばしましょう。

もくじ

第1章　完全習得学習とは？

第2章　授業単元の流れ

第7章　完全習得学習のアレンジ

第8章　Q＆A

第1章 完全習得学習とは？

story 1
完全習得学習って何？
はぁ…
今回もテストの結果が悪い
45
50
平均点は78点か…
きちんと教えるべきことは教えているはずなんだけどな…
4年2組 担任 河合先生
どうしてみんなこんなにできないんだろう
お疲れさまでーす
ああ、お疲れ
6年1組 担任 手本先生
手本先生のクラスも算数のテストをやったんですね どれどれ…
…え…!? すごい!!
100
95
100
今回のテスト平均点いくらなんですか?

「知識・技能」の面は平均95点だね
きゅ、95点！一体どうやって教えているんですか？
教え方は普通だよ
ただ「完全習得学習」の考え方を取り入れているんだ
完全習得学習？
カッコいい名前ですね！どんな考え方なんですか？
簡単にたとえてみようか
仮に、自転車の乗り方の授業があるとしよう
サドルにはこう乗ります
ペダルは足でこぎます
じゃあテストします
ピッ！
君は上手だからA評価
君は乗れていないからC評価
ちょ…ちょっと待ってください！

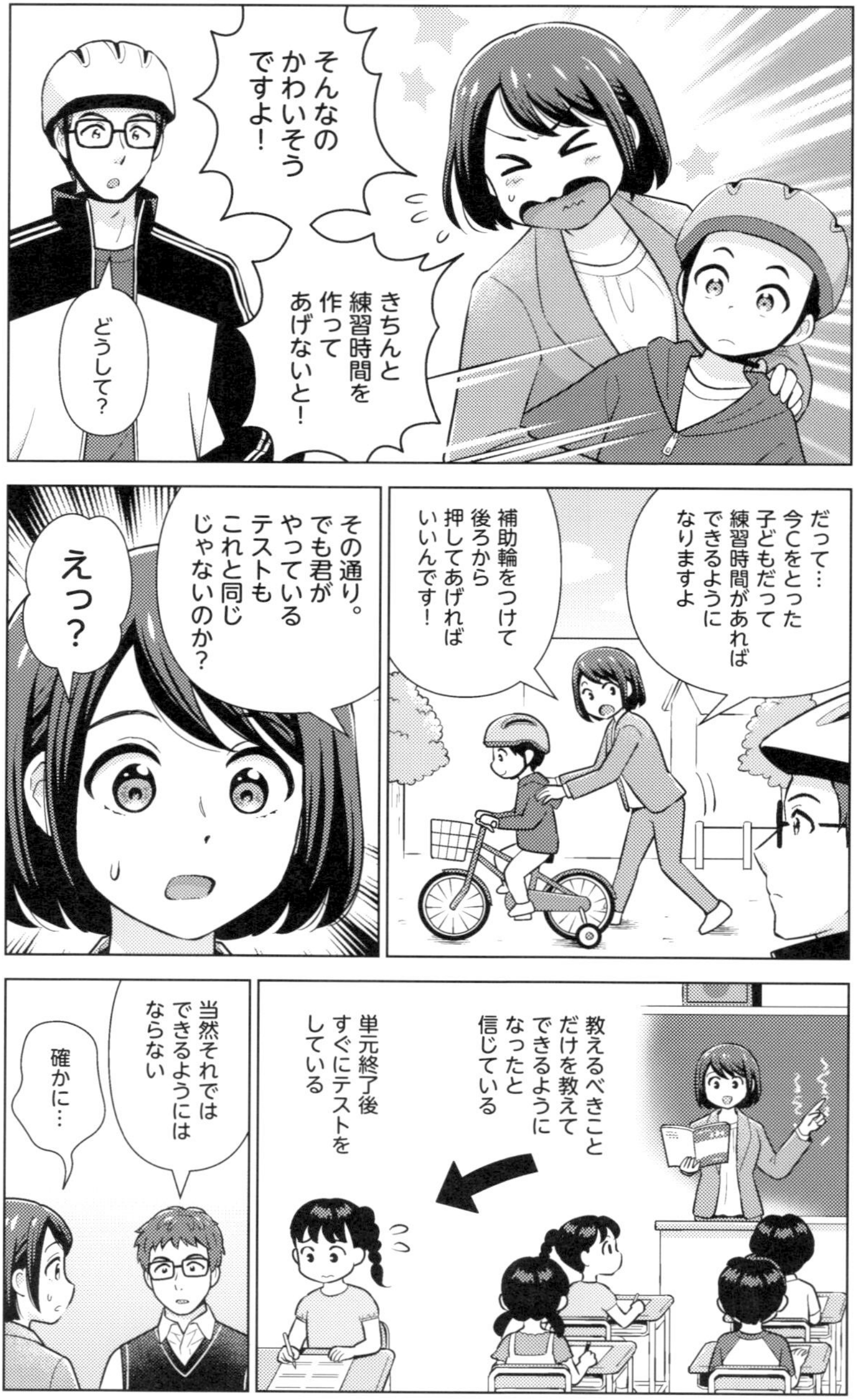
そんなのかわいそうですよ!
きちんと練習時間を作ってあげないと!
どうして?
だって…今Cをとった子どもだって練習時間があればできるようになりますよ
補助輪をつけて後ろから押してあげればいいんです!
その通り。でも君がやっているテストもこれと同じじゃないのか?
えっ?
教えるべきことだけを教えてできるようになったと信じている
単元終了後すぐにテストをしている
当然それではできるようにはならない
確かに…

勉強だって
どの子もできるようになる
できるように
なるまで
５分必要
できた！
できるように
なるまで
60分必要
できない…
ただ
子どもによって
できるように
なるまでの時間が
違うというだけ
なんだ
できるように
なるまでの時間…
だとすれば
適切な指導を行い
できるように
なるまでの時間を
保障してあげれば
いいんだ
これが
完全習得学習の
考え方だね
60分経過
できた！
私も
学級のみんなを
できるように
したいです！
よし、じゃあ一緒に
完全習得学習について
学んでみようか
はい！

完全習得学習の定義

▼適切な指導があれば、完全習得は可能

完全習得学習は、1970年代初めにアメリカの教育学者ブルームやブロックらによって提唱された理論です。

この理論は、次の哲学をもとにしていました。

「適切な指導を行えば、実質的にすべての生徒に、学校で学習するものはすべて習得させられる」

熱い教育哲学ですね。

ずいぶん昔の理論ではありますが、近年の個別最適な学びへの注目とともに、再度脚光を浴び始めています。

本書では、完全習得学習を現代版にアレンジする形で取り上げていきたいと思います。

完全習得学習は、基本的な知識や技能をすべての生徒に身につけさせることをねらいとします。

具体的にいうと、小学校の市販テスト「知識・技能」の観点において、90～95％の平均得点を獲得できることを目標とします。

教師は学校で、様々な教科について教えます。

教えた後にはテストを実施して、よい点数をとれた子どもにはA評価を、よくない点数の子どもにはC評価を、間の子どもにはB評価を……というように、割り振って成績を決定してしまうところがあります。

しかし、よく考えてみてほしいのです。

勉強ができないとされるC評価の子どもたちは、本当にその学習ができないのでしょうか？　B評価の子どもたちは、本当にA評価に到達することはできないのでしょうか。

ここに疑いをかけて、すべての子どもの「できる」を目指すのが、完全習得学習の目指すところです。

例を挙げてみましょう。

たとえば、2年生の算数で九九を教えたとします。

一通り教え終えたところで、テストを受けさせます。

Aさんは覚えが早くて、100点をとることができました。

一方で、Bさんはテストまでに覚えられなくて、50点となりました。

一年経って、Bさんはようやく九九を覚えました。Aさんは、また新しい学年で、新しい勉強をやって、新しい学習でよい成績を獲得します。

Bさんはまた悪い点数をとりました。

しかし、よく考えてみればBさんだって、一年を経たところで、九九を覚えられているのです。もしも一年後の時点で九九のテストを受けたとすれば、きっとよい点数をとり、よい成績を収められたことでしょう。


つまり、「教えただけ」で受けさせるテストというのは、「習得の早さ」を確認しているに過ぎないということになります。「覚えるのが早い」「できるようになるコツをつかむのが早い」子どもが優遇されることになります。

誰だって、必要な時間をかけて学びさえすれば、できるようになるのです。

だとすれば、どの子どもにも、習得するまでの時間を十分に確保して、それからテストを受けさせるようにすればよいのです。

学習の公式

どの子どもも、できるようになる。

できるようになるまでの時間が、子どもによって異なるのです。

この事実について、心理学者のキャロルは**「個人差変数」**と名付けました。

キャロルは、次のような式で、できるようになるまでの時間について表現しています。

学習の程度 ＝ 費やされた時間／必要とされる時間

学習の程度が1になれば「できる」「わかる」ようになったということを表しています。

たとえば、計算の習得に10分必要であれば、10分が費やされた時にできるようになります。1時間が必要とされる時間であれば、1時間費やした時にできるようになる、ということです。

「必要な時間さえかければ、どの子もできるようになる」というメッセージが、キャロルの公式に込められているといえるでしょう。

習熟の時間を設ける

習熟の時間を確保する

通常の学習と完全習得学習では、何が違うのでしょうか。

端的にいえば、それは、「習熟の時間」の確保です。

通常の授業では、授業を受けたら少しばかりの練習問題を解いて、それでテストを受けます。習熟の問題は、もっぱら宿題に依存していました。

つまり、「新しいことは学校で学んで、家庭学習で練習を積む」という学び方が基本だったわけです。

学校では、テストに至るまでの習熟の時間が確保されてこなかったのです。

もしも、あと数日練習すれば、テストで100点がとれたのかもしれないのに、です。

この習熟の時間を授業の中で確保しようというのが、完全習得学習の考え方です。

完全習得学習では、1次学習と2次学習という呼び方をします。

通常の授業である1次学習を終えて、それから、習熟の時間の2次学習へと移行します。

２次学習の時間では、大量の問題を解きます。１次学習で取り扱うのは、たとえば算数であれば、１問の解き方を確認して、もう1問を試しに解いてみるようなやり方が一般的でしょうから、たった2問だけ解いたことになります。

完全習得学習の２次学習では、どんどん問題を解きます。多い子どもで、プリント8枚くらいをやってしまいます。遅い子どもでも、２枚は取り組みます。10問～１００問くらいの問題を、１時間で解くことになるわけですから、それは力がつくのは当然ともいえます。

このように、完全習得学習では、授業の中に習熟の時間を設けることで、相当な量の問題数を解いたり考えたりすることになります。

どの教科や学年でも実施可能

▼どの教科でも「知識・技能」のテストに対応する

完全習得学習は、基本的に、どの教科でも実施することが可能です。

完全習得学習は、特に「知識・技能」の項目において、一定水準の目標へ到達させることをねらいとします。どの教科でも「知識・技能」に関する指導があって、そのテストが行われるはずですから、その習得をねらって完全習得学習が行われます。

ただし、教科によっては、向き・不向きは確かに存在します。

座学で授業が進むタイプのものが適しています。

たとえば、算数、理科、社会などの教科は明確であって、実施しやすいものです。国語に関しても、特に言語に関する内容（漢字、ことわざ、四字熟語、文法など）において行うことが可能です。

実技教科でも実施できることはできますが、「知識・技能」にばかり注力する授業スタイルは本質的ではないでしょう。たとえばそれは、サッカーの授業でパスの方法やシュートの方法を完全習得させるようなものであって、それよりも、試合展開に重点を置いたほうが、得られる学びは多いはずです。

そういうわけですから、どちらかというと、座学で進める教科に適した授業スタイルということになります。

どの学年でも実施できる

完全習得学習は、どの学年でも実施することができます。


「低学年にはできないのではないか」と不安に思われるかもしれませんが、そんなことはありません。確かに、学年が上がるほど教え合いが上手になりますが、小学校1年生でも、十分に実施することができます。

ただし、小学校1年生の場合であれば、春期は学校の生活様式に慣れる必要があるため、夏休み明けあたりから取り組むのが望ましいでしょう。

小学校2年生以降では、どの時期から取り組み始めても問題ありません。

100％の子どもに強要するものではない

▼全員に目標達成は求めるものではない

これまで述べてきたように、完全習得学習は、すべての子どもに学力をつけさせようと取り組みを進めるものです。**ただし、完全習得学習は、全員の「できる」を目指しますが、「全員できるようになること」を子どもへ強要するものではありません。**

子どもは、それぞれに得意・不得意があります。たとえば、学習障害や識字障害など、時間をかけても乗り越えられない場合もあります。そのような子どもに、できるようになることを求め続けるのはよくありません。

このような子どもたちには、特別支援が必要となります。学級の指導のほかに、個別の支援が必要です。**完全習得を目指しつつも、執拗に子どもへ完全習得を求めるべきではないという点は、注意点として心に留めておきましょう。**

コラム●学習失敗への期待

完全習得学習を提唱したのは、ブルームです。

ブルームは、「学習目標として掲げられた指導目標は、すべての子が達成されるべきだ」と考えました。ブルームは、完全習得学習の理論を提言する理由を、『教育評価法ハンドブック』の中で、次のように述べています。

教師なら誰でも、生徒の３分の１は自分の教えることを十分学習し得るだろうという期待をもって、新しい学期や課程を始める。また教師は、生徒の３分の１は落伍するか、せいぜいどうにか問題にならずにすむ者だと考え、残り３分の１は、教師の教える多くのことを学習はするが「良い生徒」と見なすには不十分な者だと考えている。

ドキッとした人も多いのではないでしょうか。

日本では、戦後約半世紀にわたって「相対評価」が長く用いられてきました。数％がA、数％がB……というようにして、その人数の割合があらかじめ決められていたわけです。

私自身も中学生の時に、数学教師から「テストの成績の分布っていうのは、左右対称の山のようになるのがいい。そのとき、いいテストができたといえるんだよ」と教えてもらったことがありました。

学力が相対評価の分布になることそのものが目指されていたわけです。

しかし、左右対称の成績分布に決定しようと思うならば、「何人かは学習に失敗してくれなければいけない」ということになります。低い成績をとる子どもがいなければ、左右対称にはならないからです。まさに、ブルームのいうように、教師は子どもの失敗を期待していたということになります。

現在の日本では、「目標に準拠した評価」が適用されており、昔のような考え方はしていないはずです。

しかし、評価方法が変わったからといって、「子どもをできるようにしているか」「相対的な考えから脱しているか」は分からないところです。

教えることだけ教えて、テストをする。

テストの点数が悪いのは、その子どもの飲み込みが悪いのだ……

そのような態度で授業を展開していないでしょうか。

私たち教師のマインドが、旧式のままで止まっていないかどうかが問われます。

第2章

授業単元の流れ

完全習得学習は 1次学習と2次学習に 分けて行う
story 2
完全習得学習の4ステップ
①最初の授業
②協同学習
③形成的テスト
④個別学習
1次学習
2次学習
なんだか 難しそうですね…
単元を通して 映像を 見てみよう
はい!
1～7時間目 最初の授業
「最初の授業」は 普段の授業活動と 捉えるとよいだろう
テンポよく 進めていますね
8時間目 協同学習
「協同学習」では 分からない部分を 教え合う時間を 作る
みんなで 協力して 楽しそう!

9時間目 形成的テスト
※形成的テストの後は個別学習
「形成的テスト」では、子どもの学習状況を確認するプレテストを行う
誰ができていて誰ができていないのか把握できますね
10時間目 個別学習
よし！正解！
「個別学習」ではそれぞれに合った課題をする
できない子には支援して、できる子は発展学習に取り組ませるのですね
以上が現代の完全習得学習の流れだ
ふむふむ思ったよりもシンプルですね！

到達目標を考える

▼何点がとれたなら、合格したといえるのか?

完全習得学習を実施するにあたって、まず考えなくてはいけないのが「到達目標」です。**「何点がとれたなら、その単元を習得できたといえるのか?」**という合格ラインを決定しましょう。

小学校のペーパーテストは、通常1問5点の20問テストであることが多いものです。全問正解のような完璧を求めるのは酷な話です。通常、1問~2問の間違いは許容されるべきでしょう。**そうなると、合格ラインは、90点~95点の範囲になると考えられます。**学級の実態に応じて、この到達目標となるラインを決定します。

通知票の成績でいえば、このラインを超えればA評価ということになるでしょう。また、B評価の合格ラインは60点前後になると考えられます。学力の低い子どもは、最低限このラインを超えられるようにしていきたいところです。

完全習得学習４ステップ

学力の推移を考える

完全習得学習は、次の４つのステップで行われます。学力の推移のグラフと合わせて確認してみましょう。棒状のものがその時点での学力で、横線が到達目標のラインです。

授業開始前には、学力は「ほぼ到達目標以下」という状態です。すでに塾や家庭学習などで勉強している子どもがいるので、若干の子どもが到達目標に達しています。

学習前の学力

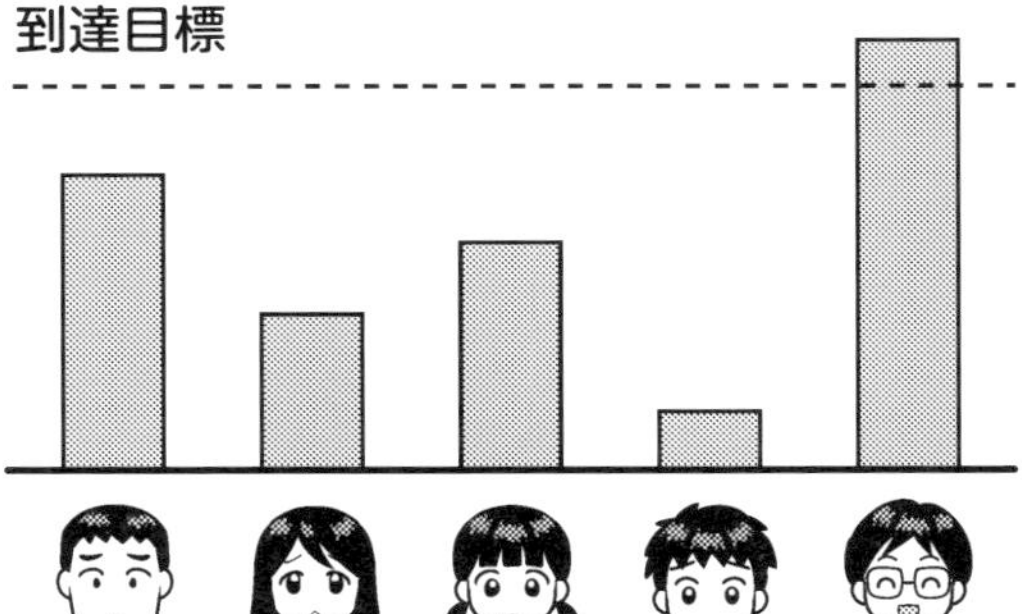

①「最初の授業」では、通常の授業を行う

はじめに、最初の授業を行います。従来行われてきた授業と捉えてください。1次学習と呼ばれる部分です。

ただし、2次学習の時間を確保するためには、単元の授業を、やや速めて完了させる必要があります。

この最初の授業だけでも、理解の早い子どもは到達目標を超えることでしょう。数人の子どもが目標に達していますが、学級の大部分は、依然として目標に到達する学力には至っていません。

②「協同学習」で、「できる」子どもを増やす

2次学習は、協同学習から開始します。目的は、友達に教えてもらうことで、理解できる子どもを増やすという点にあります。グループの仲間で、お互いに教え合いながら問題を解き進めることで、大半の子どもが到達目標に達していきます。

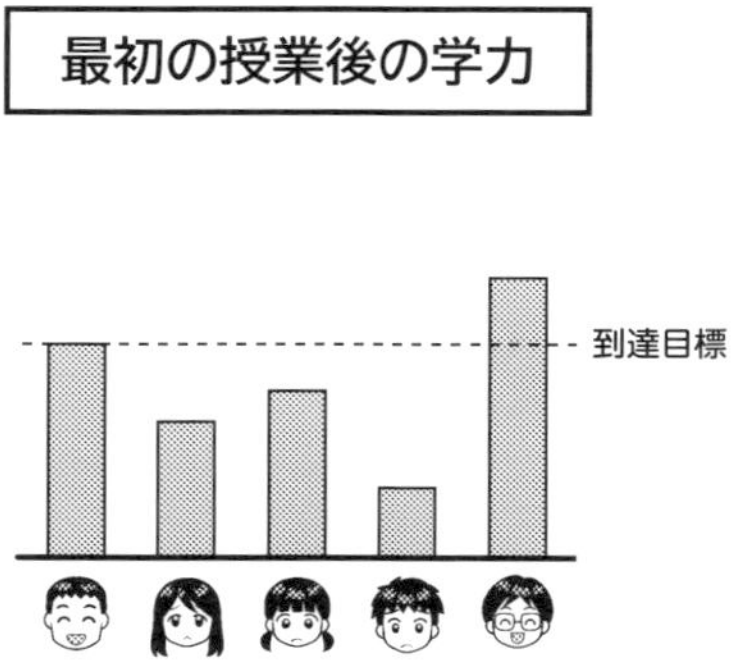

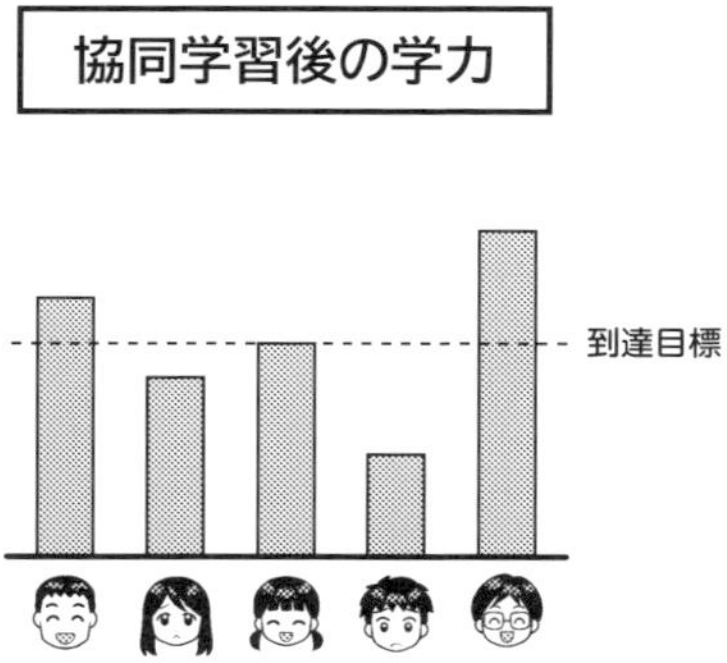

③「形成的テスト」で、子どもの実力を確かめる

形成的テストは、確認のためのプレテストです。最終的なテストとほぼ同じような問題を出して、子どもの実力をチェックします。

学級には、協同学習で友達に教えてもらっても、まだできるようになっていない子どもがいます。どの子どもがまだできていないのかを把握するために、形成的テストを実施します。分かっていない子どもの名前を書き出して、フォローに備えます。

④「個別学習」で、できない子どもをできるようにする

最後に、個別学習へと移行します。それぞれの子どもの課題に合った学習を進めます。個別学習で、教師は形成的テストで把握した「未到達の子ども」を教えます。横について教えたり、未到達の子どもだけを集めて小さな授業を行ったりします。

できるようになった子どもは、発展学習に取り組

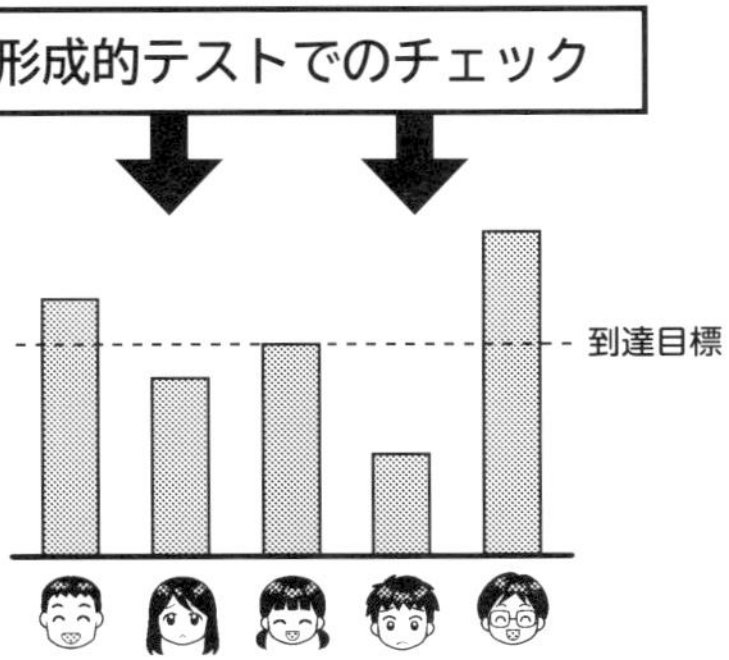

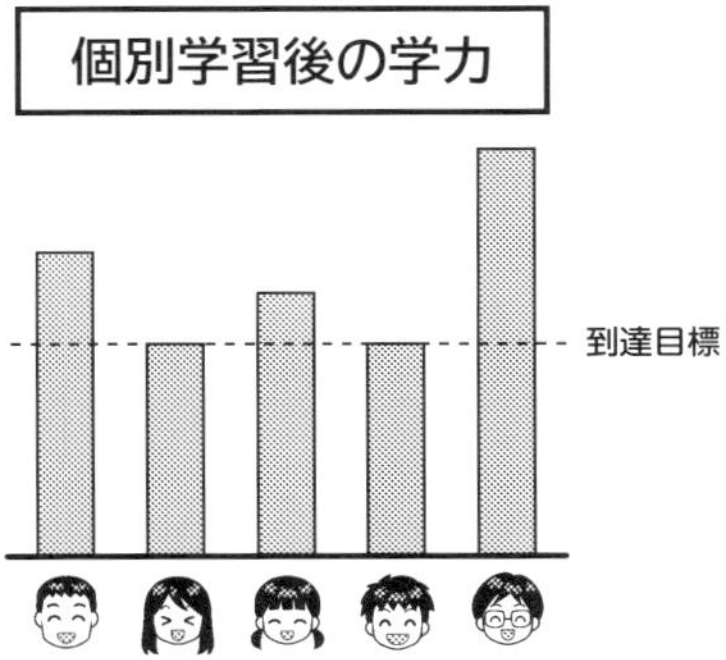

みます。繰り返し問題を解いたり、発展学習に取り組んだりすることで、ますます力を高めていきます。

ここまで取り組みを進めたうえで、テストを受けます。

すると、ほぼすべての子どもが90〜95点の目標に到達することができています。

まさに言葉通り、「完全習得」できたというわけです。

基本的な時間設定

単元内に組み込むことを考える

学習単元の計画について考えてみましょう。

単元の時間が10時間だとすれば、１次学習が7時間で、２次学習が3時間というのが適切なところでしょう。

子どもたちが練習する習熟の時間は、せめて2～3時間程度はとりたいものです。

本書では基本形として、３時間程度の設定をオススメしています。

とはいえ、毎単元で実施するというわけにはいかないでしょう。

本書の末には、１時間や2時間、４時間など、様々な時間設定での取り組みを書いていますので、これらを参考にして、うまく単元に取り入れてみるようにしてください。

基本パターン（10時間の場合）

①最初の授業……7時間
②協同学習……1時間
③形成的テスト（終わったら個別学習）……1時間
④個別学習……1時間

コラム●逆転現象

他校の先生に向けて、完全習得学習の方法を伝達する機会がありました。

後日になり、その先生は、興奮しながら結果を報告してくれました。

「驚きました。習熟度別クラスで、逆転現象が起こったんです！」

詳しく聞いてみると、その先生は算数の習熟度別指導で、教室を成績で二分し、学びの遅い側を受け持っているとのことでした。

「学びの遅い子ども」といえば聞こえはよいのですが、実質的には学力の低い子どもたちが集まることがほとんどです。

そのような子どもたちを相手にして、完全習得学習を実施したとのことでした。

授業の速度をやや速めて、２次学習の時間を多く設けました。

そして繰り返し習熟に取り組んで、それからテストを受けました。

すると、学力の低いクラスの平均点が、学力の高いクラスの平均点を上回るという逆転現象が起こったのです。

まさに完全習得学習の「できるようになるまでの時間をかければ、どの子どももできるようになる」という言葉を証明する結果といえるのではないでしょうか。

理論的にいえば、これは当然の結果ではあります。

完全習得学習の効果は、「学力の低い子どもに特によく表れる」とされています。実は、学力の低い子どもは、そうでない子どもよりも、約25%練習問題に費やす時間が必要とされているのです。だから、教えることを中心にして授業をテンポよく進めて、繰り返し習熟の学習に充てたのが、効果を発揮したといえるでしょう。

そう考えてみれば、習熟度別指導のあり方は、見直されるべきといえるのではないでしょうか。

というのも、これまでの習熟度別学習といえば、「学力の低い集団は分かるように、じっくりゆっくり進める。学力の高い集団は速く進めて、発展学習に取り組む」みたいにして進められがちなものだからです。

でも、実はそうではないのです。

むしろ反対で、学力が低い集団こそ、完全習得学習の方法で、1次学習をより速く進め、2次学習に多くの時間をかける方がよいといえるのです。

第3章

①最初の授業

story 3
「最初の授業」は、やや速く進める
ではあらためて完全習得学習の具体的な内容を見ていこう
はじめは「最初の授業」だ。ここは完全習得学習の「メイン」ではない
普段やっている授業とそれほど変わりないですね
しかし! ここが重要であることに間違いはない!
授業の質さえよければ最初の授業だけでも分かるようにさせられるかもしれない
わかった!
う〜ん…
分かりやすい授業が大事ってことですね
さらに「学習持続力」もここに起因する
「学習持続力」…?
ガンバレー
たとえば君はやりたくないことを続けられるかな?
いや無理ですね…興味ないことはできるだけやりたくないです

そうだろう
確かに時間をかければ子どもたちはいつかできるようになる
ただしその時間を費やすだけの興味や関心を子どもに抱かせられるかが大事なんだ
おもしろくない
やりたくない…
そのためには最初の授業を子どもにとって興味深いものにしなくてはならない
おもしろい！
できるようになりたい…
あとは時間のことだね
2次学習の時間を確保するために少しだけ速く進めていく
ギュッ
2次学習
1次学習
可能な時間については2時間分を1時間にまとめて進めよう
3時間目と4時間目の分をまとめてみよう！
思ったより1次学習の進め方には工夫が必要ですね
むむ…！
子どもはやや速いくらいの速度の授業でこそ集中する
テンポよく学習内容を進めていこう！
次、教科書を読みます！
はい！

完全習得学習の公式と5つの要因

学習の公式

ではここから、完全習得学習の具体的な内容について見ていきましょう。
まずは、1次学習の「最初の授業」についてです。
最初の授業では、いわゆる通常の授業が進められていくことになります。
この期間については、完全習得学習における「メイン」ではありません。
しかしながら、2次学習に大きな影響を与えることは確かなのです。
ここで、キャロルの学習の公式について、あらためて考えてみましょう。

学習の程度 ＝ 学習に使用した時間／学習に必要な時間

この公式では、ある学習ができるようになるためには、学習に必要な時間が存在して、その時間を満たしたときに、学習の程度が１００％になるということを表しています。子どもによって、必要な時間が違い、その時間を満たしたときに達成できるのです。両者が一致するときにできるようになるのだから、分母はできるだけ小さくなればよいし、分子はできるだけ大きくなればよいわけです。

非常に明快な公式ですよね。

5つの要因

1次学習は、この公式に対して大きな影響を与えています。

この公式には、５つの要因がからんで成り立ちます。

まずは、分母に関係のある要因から考えてみましょう。

①適性

子どもは、運動が得意だったり、計算が得意だったりと、子どもの得意な分野は様々です。計算が得意な子どもは、九九を覚えるまでに必要な時間が短いことでしょう。

反対に、苦手な子どもは、やっぱり時間がかかってしまいます。**適性が備わっているほど分母が小さくなるし、適性がなければ分母は大きくなります。**

②授業理解力

授業の中では様々な説明がなされますが、これを理解することに長けているほうが、学習に必要な時間は短くなります。特に、言語能力の高さが大きな役割を果たしています。**授業理解力が秀でていれば分母は小さくなるし、理解力がなければ分母は大きくなります。**

③授業の質

当然ながら、質の高い授業、つまり分かりやすい授業がなされていれば、必然的に学習に必要な時間は短くなります。耳の痛い話ですが、**授業が分かりにくければ分かりにくいほど、学習に必要な時間はどんどん伸びていき、分母が大きくなっていきます。**

次に、分子の部分についての話です。

④学習機会

学習のために許容される時間量は、学校では限られてしまいます。どうしても制限があります。**学校でその子どもが達成できるまでの時間を用意できるかという問題があります。**時間があるほど、分子は大きくなります。

⑤学習持続力

達成に至るまでの学習を持続する力です。そもそも、分母の時間だけの学習を続けられる気力があるかという話です。

たとえば、どれだけ長く学習時間を設けられたとしても、子ども自身が学習の途中で投げ出してしまったとすれば、その学習は達成されません。学習そのものに興味を抱いていなければ、続けることが不可能になってしまうのです。これは、③「授業の質」と相互作用する可能性があります。**「学習持続力」があるほど分子は大きくなるし、なければ分子を分母の大きさまで広げることができません。**つまり、習得できないということになります。

こうして見てみると、**特に③授業の質と⑤学習持続力において、１次学習の影響が大きく出ることが分かります。**

１次学習では、授業の質を高めて、最初の授業だけでも「わかる」「できる」ようにしたいところです。

また、学習そのものに「やってみたい」とか「できるようになりたい」というように関心を抱かせて、高い学習持続力を持たせたいものです。

キャロルの公式

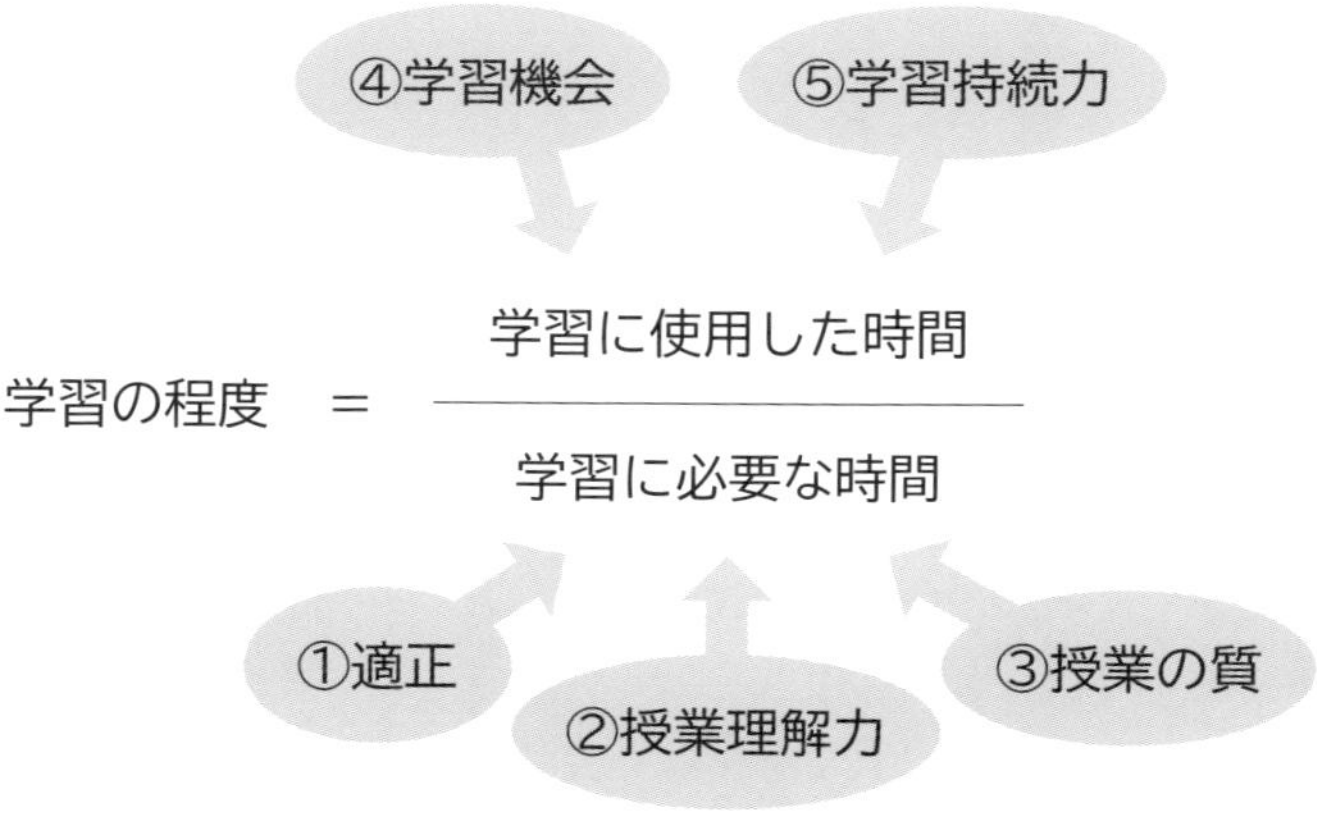

最初の授業で、授業の質を高め、
子どもに学習持続力を持たせる

2時間分を1時間で進める

短縮できる部分を見極める

最初の授業では、通常の授業の進め方が展開されます。ただし、２次学習の時間を捻出するために、最初の授業には、ある程度のテンポの速さが求められます。たとえば、10時間の単元があるとします。これを7時間で教えることができれば、３時間を習熟に充てることができるのです。**極論すれば、１次学習を早く終えた分だけ、２次学習の時間に充てることができるということです。**

本来であれば完全習得学習のための時間が別途で確保されるのがよいのですが、カリキュラム上そういうわけにもいきませんので、最初の授業を短縮するしかありません。

単元によっては、２時間分を１時間で進めることができるような内容があります。そういう部分については、まとめて進めていきます。

たとえば、３けたと３けたの筆算の計算で、繰り上がりが１回のものと、２回のものがあったとして、それをまとめて教えたとしても、子どもは混同しません。

概念的によく似ている教材であれば、むしろ、２時間分続けて教えた方が分かりやすいことがあります。

また、授業時間の中で、間延びしている時間はないでしょうか。子どもの学びになっていない時間をなくして、できる限り学びの時間を多くするのです。たとえば、45分の授業の中で、15分無駄にしているのであれば、これをなくして、密度の高い学習にするべきでしょう。

韓国で完全習得学習を実践した金豪権は、「学習密度」という言葉をつくって、次のように提言しています。

「与えられた授業時間をいかに使用するかによって、学習密度や生産性の高い授業となることもできるし、学習密度や生産性のきわめて低い授業ともなることもできるはずである」

教科書は、学習指導要領に基づいて教科書会社が作ったものに過ぎません。授業は、教師がつくるのです。

時間設定がうまくいくよう、単元の構成を工夫してみましょう。

練習問題は必ずしも最後までやらない

問題数ではなく、時間で区切る

算数の教科書には、練習問題が適宜掲載されています。**練習問題があると「すべてやらせないといけない」というように感じてしまうものですが、実際そういうわけではありません。**教科書会社が判断して掲載しているのであって、それら全部をやらなければならないということではないのです。

たとえば、８問の計算問題があるとき、「5分間で、２問目までやります。できる人は、できるところまでやりましょう」というようにしておきます。答え合わせは2問目まで丁寧にやって、残りは教師から口頭で答えを伝えます。こうすれば、長い練習時間をとらずに、教科書をどんどん進めることができます。

発問の規模を小さくする

▼飛び石をつなぐ発問をする

スムーズに学習を進めていくようにするためには、大きな規模の発問をしないことです。できるだけ小さな規模の発問をします。私はこれを、**「飛び石をつなぐ発問」**と呼んでいます。

「知識・技能」は、ある程度固定されているものです。

いわば、1つの島みたいなものです。計算のやり方、さかあがりのやり方など、「知識・技能」は多少の差はあれども決まった方法があって、違いはほとんどありません。

したがって、大きな発問をしてしまって、自由に泳がせてしまうと、「知識・技能」の島にたどり着けないのです。

具体的にいうと、たとえば算数では、「2けた＋2けたの筆算の計算は、どうすればいいでしょうか?」というような問いが、大きな規模の発問です。筆算の計算のやり方なんて、賢明な先人が長年かけて編み出したものであり、数十分で考え出すことには無理があります。子どもによっては、無茶な計算を編み出してしまうかもしれません。おかしな計算方法を覚えてしまう可能性だってあります。そうなると、誤りを矯正する時間も必要になってしまいます。

だから、飛び石をつなぐ発問をします。

「2けた+2けたの筆算をします。3+8をすると、11になります。十の位の1は、小さく書きます。さて、どうして小さく書く必要があるのでしょうか？」

こういう小さな発問であれば、誤解することなく計算方法を学ぶことができます。そのうえ、思考を働かせることもできます。

小さな規模の発問を繋ぎ合わせていけば、子どもは泳ぐ方向が分かりますので、少ない時間で「知識・技能」の島にたどり着くことができます。

「知識・技能」を身につける段階では、できるだけ発問の規模を小さくすることです。

発問の規模を小さくすれば、少ない時間で「知識・技能」が身につけられる

コラム●ＩＣＴ機器を過信しない

タブレットやＰＣなどのＩＣＴ機器が導入されるようになり、「これからはタブレットが、子どもに合った学びを提供してくれるんだ」という声があがるようになりました。

確かに、認知能力を有している高校生にもなれば、きっと理解できることでしょう。

しかし、ＡＩドリルの使い心地はまだまだです。少なくとも２０２５年現時点では、小学生が新規の学習を定着できるようなレベルには達していません。たとえば算数だと「問題が提示され、間違っている箇所が示されて、解答と解説が出てくる」というのが限界です。高い認知能力を有していない小中学生の子どもでは、解説を読んでも、理解するのは困難なのです。

ＡＩドリルを使って学習するには、１人でできるくらいの理解が必要です。ある程度できるようになってきたならば、間違いや解説が示されたとして、それが分かるので、有効といえるのです。

つまり、ＩＣＴ機器は、初歩的な段階では効果はあまりなくて、ある程度分かってきたところで、習熟を深めるために用いるのが最適ということができるでしょう。本書では、主に後半の個別学習での使用を推奨しています。ＩＣＴ機器が導入されたからといって、これを過信し過ぎないことです。適材適所で活用しましょう。

AIドリルは、ある程度理解できてからが有効

第4章

②協同学習

story 4
協同学習で技能を高め合う

協同学習ではグループでの教え合いで多くの子どもたちができるようになることを目指すんだ
そういうことだったんですね
まず基本のプリント問題を実施する
お互いの手元が見えるように班で机を寄せて取り組む
大きな問題を1つずつ解いていき答え合わせをする
1番は42!
あれ?40だよ?見直そう
答えが違っていればそこを確認する
次のプリントは黒板前に用意してある
もらってきたよ~
ありがとう!
全問終えたら次のプリントへと進む
プリントが全部終わったグループはタブレットの問題を1問ずつ一緒に解く
グループで教え合う活動をして、お互いの知識技能を高め合うんだ
友達と高め合うって達成感がありそうですね

協同学習の進め方

▼1人でも多くの子どもを「できる」ようにする

いよいよ2次学習に取り組みましょう。はじめに、協同学習を行います。

ここでは、1人でも多くの子どもができるようになることを目指します。教え合うことによって、分からない子が分かるようになる。分かった子どもがさらに習熟を深められるような時間をつくるのです。

班（4人程度）の形にして、分からない部分を尋ねながら活動を進めていくようにします。子どもたちには、次のようにして説明します。

「ここまでで、授業に関しては一通り学び終えました。とはいえ、まだ一度習ったばかりですから、テストをやる前に、もう少し学習の時間が必要ですね。今日は、班の班で学習する時間をとります。1や2などの大きな問題を1問ずつ解いて、班の

みんなで答え合わせをします。もしも答えが違ったら、誰かが間違っているわけですから、確認してやり直しましょう。プリントが1枚終わったら、黒板の前に次のプリントを並べているので、取りに来ます。並べてあるプリントがすべて終わったグループは、タブレットで問題に取り組みます。これも、1問ずつ確認しながら進めていきましょう。大切なのは、班で力を高めていくことです。分からない問題はどんどん教え合って、できないことをできるようにしていきましょう。」

2つの段階

協同学習には、次の2通りの方法があります。

①プリント学習

基本は、プリント学習です。B5～A4サイズの大きさのプリントを、4～8種類ほど用意します。1問ずつ終わったら、班全員で解答を確認します。全員が同じでない場合は、誰かが間違えている可能性があるので、お互いの解法を確認します。一通りできたら、次のプリントを取りに行きます。

②ＩＣＴ機器

手間なく準備できるのが、ＩＣＴ機器です。ＡＩドリルなど、タブレットに入っているソフトやオンラインのものを用意します。

ただし、１人で進めるのではありません。子どもは現段階では、１人では解き進めていくことが難しいのです。ＡＩドリルでは、解答や解説が提示されますが、まだそれらを１人で理解できる段階ではありません。

１問ずつ、グループで一緒に解き進めていきます。出てきた解答や解説を見て、その意味をグループで解釈しながら進めていきます。

プリント学習
1
(1)43＋17　(2)25＋11
(3)19＋18　(4)51＋19
大きな問題を
１つずつ
2
(1)61＋19　(2)32＋11
ＩＣＴ機器
1 たろうくんは カードを28まい もっています。お父さんから14まい もらいました。たろうくんは カードを なんまい もっていますか。
しき　こたえ
班で一緒に解き進める

足場掛けをつくる

お互いがお互いの足場になる

協同学習では、友達と協力して「できる」ようになることを目指します。

どうして協同学習が重要なのか。

ロシア（旧ソ連）の心理学者ヴィゴツキーの「足場掛け」の理論をもとにして考えてみましょう。

ビルを建てるときには、作業のための仮設の作業板や通路をビルの周囲に組むことがあります。これを足場といいます。

足場は、作業の状況に応じて徐々に高くなりますが、ビルが完成すれば、取り払われてしまいます。

子どもは、自分というビルを自ら作り上げていきます。

しかし、完成するまでには、作業の土台となる足場の役割が必要になります。**班の仲**

間で、お互いがお互いの足場になって支え合うのです。これが、足場掛けの考え方です。
たとえば、さかあがりに取り組む子どもは、はじめのうちは1人ではできません。でも、先生や友達に何回も手伝ってもらえれば、1人でできるようになるのです。計算など学習の習得でも、同じことがいえます。

学習というのは、習得の過程において、次の3つの段階を経るとされています。

①手伝ってもらってもできない
②手伝ってもらえればできる
③1人でできる

まずは協同学習において、②「手伝ってもらえればできる」ようになることを目指します。

友達同士で足場になり、②の段階をたくさん経験し、そのうえで③「1人でできる」の段階を目指すようにするというわけです。

お互いの足場になって支え合う

プリントを準備する

お互いの手元を見合うのが効率的

協同学習のために、プリント問題を用意します。できれば、Ｂ５サイズやＡ４サイズのような、小さなサイズのものを、４～８種類程度用意しておくことが望ましいです。枚数は、学級の人数の３倍ほどを用意します。**協同学習のみならず、個別学習でも同じプリントを繰り返し使用するからです。**同じ問題に取り組めば、前日にできなかった問題も、次の日になるとできるようになっていきます。

大きな1問が終われば、そのたびに班の全員で答え合わせをします。ただし、もしも班での答え合わせで間違いが多く発生しそうな状況ならば、黒板に解答のプリントを貼り付けておき、解き終わり次第答えを見に行かせるようにします。

子どもへ念押ししなければならないのは、**「ドンドン進めればよいというわけではない」**ことです。「ほかの班よりも速く進めたい！」というようにして、急いで取り組んでしまうことがあります。その場合だと、分からない子どもは答えを丸写ししてしまいます。

協同学習で大事なのは、分からないことを分かるようにすることです。競争する雰囲気の生じる場合には、**「競争ではありません。自分たちのできないところを見つけて、教え合い、力を高める時間です」**と念押ししましょう。

やり終えたプリントは、ホッチキスで綴じて提出させます。

教師は、それらにザッと目を通して、「間違えたまま丸をしていないか」を確認します。丸つけや赤ペン入れは必要ありません。ハンコを１つ押して、後日に返却します。

▼ＩＣＴ機器を用いるのであれば１問ずつで

ＩＣＴ機器を用いる場合は、１問ずつ班で一緒に解いて進めていくようにします。

ＩＣＴ機器は解説が出ますが、前述の通り、分からない子どもは解説を読んでも分からないからです。解説を出しつつ、グループのメンバーで「この解説は、どういうこと？」というように確認しながら進めていきます。

このやり方であれば、ＩＣＴ機器だけでも協同学習を進めることが可能になります。

単純作業にならないように問題を選ぶ

完全習得学習では、4～8種類のプリントを用意します。

このとき、全てのプリント内容が似たような問題、同じ程度の難易度にならないように気をつけます。

同じ問題ばかりでは、易し過ぎるため、脳への負荷がかかりにくいのです。あまり労力を要しない学習で学んだことは、脳の単純かつ貧困な部分でしか処理されないからです。一方で、種類の異なる練習をすると、脳の違う部分が活性化されて、能力が向上するとされています。

つまり、練習問題のプリントは、「様々なタイプのもの」を用意するのがよいということです。問題内容や難易度が同じにならないように気をつけて、できるだけ様々な種類の練習プリントを用意しましょう。

また、別日にプリントを卓上に並べるときには、問題の並び順を変えるなどして、変化を加えるようにしてみましょう。

コラム●正規分布からＪ型分布へ

かつて、学力は「正規分布する」と信じられてきました。賢い子どもが数パーセント、賢くない子どもが数パーセントというように、左右対称の曲線になると考えられていたのです。確かに自然界においては、あらゆるものが正規分布するとされます。たとえば、自然な林などは、高さが正規分布するとされています。高く伸びる木もあれば、低い木もあるのです。しかし、人間が人工的に木を植えて、手をかけていくと、木は正規分布のようにはなりません。高い木のほうに偏るような分布を見せます。

人間の学力も同じことがいえます。教師がきちんと手を加えたら、子どもたちの学力も人工的な林のようにＪ型に分布していくことになるのです。

そう考えてみると、子どもたちの学力が正規分布してしまうのは、自然状態のままを意味しているのであって、「教育の失敗」を意味しているとまでいえるでしょう。

完全習得学習を実施すると、学力の分布は右に偏っていきます。正規分布のような学習の失敗からＪ型分布の成功の状態へ、教育を成功させられるように取り組んでいきましょう。

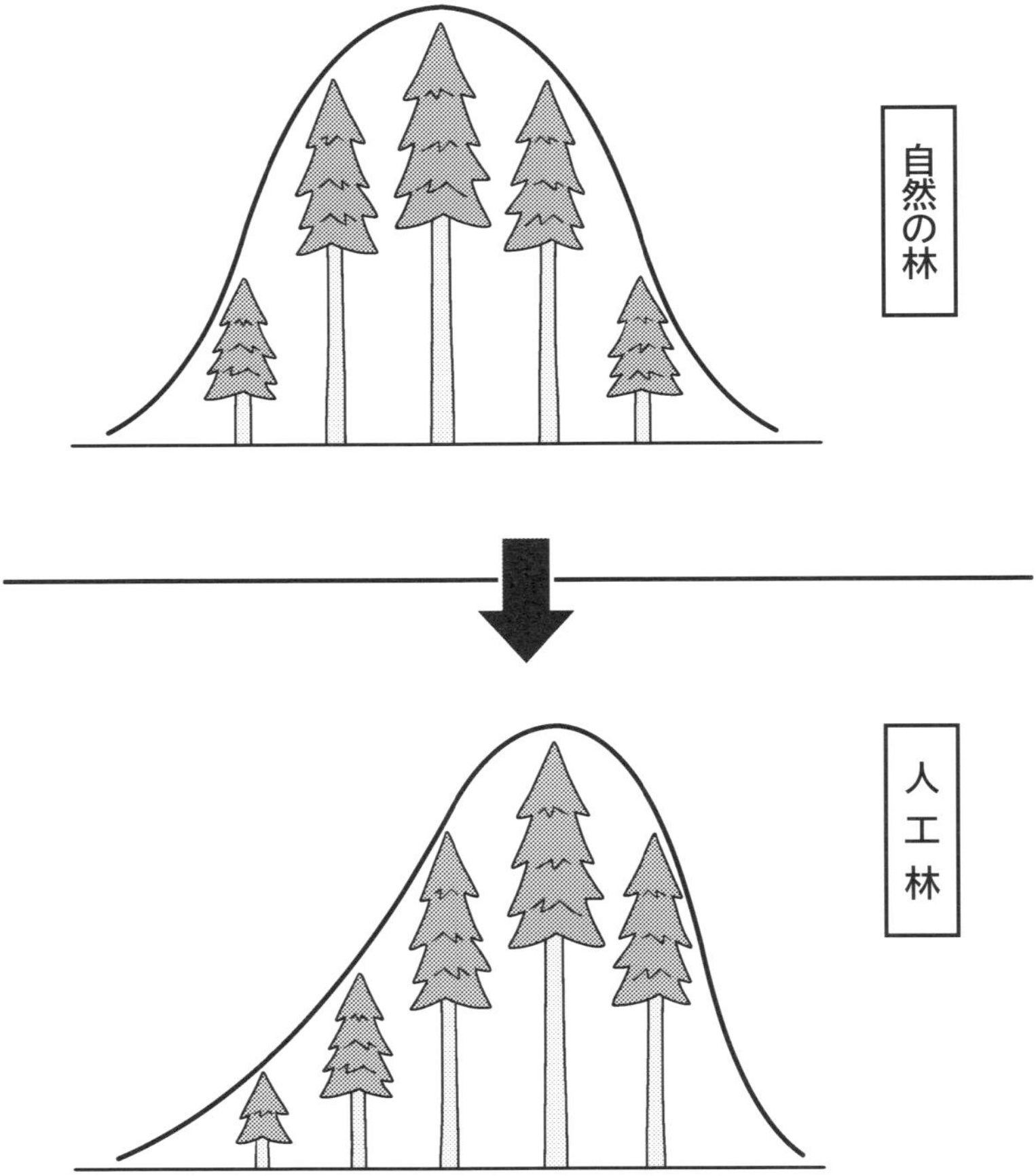

手を加えれば、正規分布→Ｊ型分布になる

第5章

③形成的テスト

story 5
形成的テストで「目標未到達」の子どもを見つけ出す
できた!
協同学習で全員ができるようになったみたいですね。よかった…
いや違うんだ
えっ?
実はまだ根本的には分かっていない子どもがいる
どの子ですか? そんな風には見えないんですけど
それが誰なのかは分かりにくい なぜなら…
こっそり友達の答えを写していたり
ふむふむ 答えは 41…っと
流れに身をまかせたりしている子どもがいるからだ
ボ～…
これを見分けるためにやるのが「形成的テスト」だ
本番のテストによく似た問題が出ている小テストを用意しよう
似ている!
本番のテスト
形成的テスト
業者テストにプレテストがついています
それを用いるといいよ

形成的テストは教師が個別に丸つけをする
できた人は持ってきなさい
「目標未到達」の子どもを見つけ出すんだ
田中さんはフォローが必要だな
これなら全員の学習状況が確認できますね
終わった子どもは何をするんですか？
そこからは「個別学習」の始まりだ
2〜4枚程度のプリントに取り組ませる
黒板に答えを貼っておき自分で答え合わせをする
プリントも終わった子どもはタブレットなどの課題をやるとよいだろう
とにかく形成的テストは素早い丸つけと把握が重要なんだ
サッ
サッ
サッ
形成的テストでフォローの必要な子どもを見つけ出します！

形成的テストの進め方

▼誰ができていて、誰ができていないかを把握する

協同学習を実施したうえで形成的テストを行います。形成的テストは、およそ10分で終わるような小さなテストです。

1時間の授業の前半部分を使って実施と採点を行い、テストを終えた子どもから個別学習へと移るのが基本となります。

形成的テストに関しては、教師が採点を行います。

なぜなら、誰がどの程度までできているかを教師が把握するためです。

子どもには、次のように説明します。

「今日は、プレテストを行います。どれだけできるようになったのか、力試しをします。このテストは成績に含みません。自分1人の力で解いてみましょう。終

わった人は、先生のところに来て採点を受けます。間違ったら、自分の席に戻ってやり直します。全問正解できた人は、前に４枚プリントを置いてありますので、取り組みましょう。このプリントは、黒板に解答を貼り付けていますので、自分で採点をします。すべてプリントが終わった人は、タブレットで自分の課題の部分の学習をします。」

できた子どもからテストを持ってくるので、教師はできるだけ早く採点して、行列ができないようにします。

基本的には、丸をつけるだけです。間違っている問題には、点を打ちます。バツをつけると、やり直しがやりにくくなるからです。もしも、子どもの行列が生じていないようであれば、理解の不足している問題について指導も行います。

この段階で教師は、誰が理解していて、誰が理解していないのかを把握します。理解の不足している子どもの名前をメモしておきましょう。

この時点で十分な成果が見られない子どもについては、「勉強ができない」というわけではなくて、「必要な学習時間を十分に使用していない」とみることができます。この子どもたちに、彼らが必要とする学習の機会延長を保障していかなくてはなりません。

素早いフィードバックを与える

その場で丸つけして返却する

教師がその場で採点するのは、子どもの状況を把握するだけが目的ではありません。形成的テストを含む形成的評価というのは、学習の効果として、もっとも高い数値になることが分かっています。

形成的テストはフィードバックの1つなのです。**何が分かっていて、何が分かっていないのかを、子ども自身が素早く知ることができるのです。**

このフィードバックは、早ければ早いだけ効果的であるとされています。

教師が目の前で丸をつけて返すことによって、素早いフィードバックを与えることができるのです。

素早いフィードバックが効果的

行列をつくらない

できる限り早く丸をつける

列を生み出さず、その時間のうちに丸をつけて返すには、ひと工夫が必要です。時間との勝負ともいえます。解答は左右に並べて置きます。解答がない場合は、１人目に解けた子どもの解答用紙を借りておき、両者を比べながら丸つけします。

解答を奥に置いてはなりません。奥に置くと、遠近感が違うので、視点を移動させるたびに、視野が一瞬ぼやけてしまいます。ほんのゼロコンマ何秒の話ですが、その時間も削減しなければなりません。**解答は左か右に置きます。視点の移動を素早くするのです。**

また、できる限り、解答は暗記してしまいましょう。

同じ問題を繰り返すわけですから、覚えてしまうのが早いのです。

なお、丸つけをするには形成的テストの子どもの分だけです。

個別学習に移った子どもの分は、自分で丸つけさせるようにします。

「解答は横並び＋暗記」で、行列をつくらない

後半はフォローに徹する

▼手が空いたらフォローに回る

学習の理解と早さには、ある程度の相関関係があります。

学習の理解が十分な子どもは、早々と仕上げて解答用紙を持ってくることでしょう。

一方で、理解が不十分な子どもは、なかなか持ってくることがありません。

いつまで経っても持ってくることがない子どももいます。

なぜなら、解き方が分からないからです。協同学習の際に友達に頼って問題を解いていたような子どもは、ここで詰まってしまいます。

丸つけの手が空いてきたら、教師はそういう子どものフォローに回ります。

前述の通り、形成的テストは「誰が分かっていて誰が分かっていないか」を知るのが目的ですので、ここでフォローするのは全く問題無いのです。場合によっては、形成的テストから個別の支援を開始しましょう。

手が空いてきたら、個別の支援を開始する

コラム●教師に与えられる形成的テストの効果

形成的テストは、学習の効果を高めるためのもっとも効果の高い要因であるとされています。教師から子どもへフィードバックがなされるということもありますが、実はその逆の効果もあります。

子どもから教師へのフィードバックも起こるのです。

形成的テストをすれば、誰が分かっていて、誰が分かっていないのかが明らかになります。この状況を把握することにより、教師はそれまでの教え方の効果を確認することができます。つまり、形成的テストというのは、「子どもにとっての学習の確認」でありながら、「教師の授業の質の確認」でもあるということになります。

形成的テストの結果は、教師の授業への評価でもあるということです。たとえば、「理解不足の子どもがあまりにも多い」のであれば、授業がよくなかったということです。授業のスピードがあまりにも速過ぎたのかもしれません。あるいは、大事なポイントがおさえられていなかったのかもしれません。次の単元の授業改善へ活かしていけるように努めましょう。

第6章

④個別学習

story 6
個別学習で、それぞれの学びを支援する
いよいよここから「個別学習」へと移ろう
はじめはプリントなど共通の課題を指定する
前と同じく黒板に解答を貼っておいて自分で丸つけをさせよう
次のプリント！
教師はできるだけ形成的テストで把握した目標未到達の子どもを支援する
ここで大事なのが変化だ
変化!?
子どもは授業のやり方では分からなかったのだから同じ内容で伝えても難しいだろう
ほら　授業でやったでしょう
？
たとえば具体物を代えるなど指導に変化を加えてみよう
10のまとまりがいくつある？
2！
プリントは全部できたんですけど…
もう簡単だな
あわわ…

手本先生～！共通の課題を終えた子どもはどうすればいいんですか？
目標達成できている子どもには発展学習のメニューを提示しよう
この中から選択して取り組んでいくんだ
発展学習
・プリント
・AIドリル
・ミニ先生
・解説動画づくり
・問題づくり
・友達の問題を解く
・ハイレベル問題
いろいろな内容があるんですね
授業後半にもなればそれぞれの課題に取り組むことになる
まさに個別学習ですね
子どもを見て何か気づくことはないかな？
えっ？
わからない人教えるよ～
こっち助けて！
オリジナル問題ができた！
じゃあ解いてみようかな
受験問題にチャレンジしよう
私もやってみたい！
はっ…
子どもたちの様子がよく見える！
最初の授業では授業を展開させることに必死で子どもの手元まで見るのが難しかったはずだ
しかし個別学習では授業の展開がないので子どもの学びの様子がよく見えるんだ
子どもたちそれぞれの学びを支援していきたいですね

個別学習の進め方

できない子どもをできるようにする

これまでにおいて、最初の授業、協同学習、形成的テストと学びを進めてきました。ここからは、完全習得学習のメインとも呼べる「個別学習」に移ります。

個別学習は、「共通の課題↓個別学習」というように進めていきます。

はじめは、プリントを配布して、次のようにして説明します。


「はじめは、配ったプリントを解きます。答え合わせは、黒板に貼ってある答えを見て、自分で丸つけします。プリントが4枚とも終わった人は、それぞれ自分で課題を決めて取り組みましょう。課題は、『プリント学習』『タブレットやパソコンでの学習』『教科書の問題』のいずれかです。」

まだ身についていない子どもたちは、多くの場合、はじめのプリントに取り組む段階で授業が終了します。教師は、その子どもたちを中心に個別の支援を行います。できない子どもをできるようにしていくのです。

一方で、できる子どもは、素早く共通の課題をこなしてしまいます。ほんの５～10分程度で終わらせてしまうような子どももいることでしょう。**学習内容が身についている子どもは、発展学習に取り組んでいきます。**発展学習は選択制です。自分の課題に合ったものを選ぶようにします。なお、発展学習は、その学級の状況に応じて提示するようにします。

授業の後半にもなれば、子どもたちはそれぞれがそれぞれの課題に取り組んでいることになります。まだできない子どもは共通の課題をできるように努め、できるようになった子どもは発展学習に取り組むのです。

教師は基本的にできない子どもにつきながら、全体が滞りなく学習を進められているかを確認します。やることが思いつかない子どもには、「○○をやってみたらどうかな？」というように学びを促します。

まだできない子どもへの支援方法

▼様々な手だてを用意する

教師は、形成的テストで把握した「まだできない子ども」の支援をします。プリント学習など、「共通の課題」を解くことができているかどうか見て、できないところに助言を与えます。

個別の支援が基本です。ただし、目標未到達の子どもが多い場合や、個別の支援がうまく機能しない場合があります。

その際には、次のような支援方法を用いるのもよいでしょう。

・ミニ授業

目標未到達の子どもがあまりにも多い場合には、教師用机の周囲でミニ授業を行います。「1枚目のプリントの、①と②の問題について解説します。聞きたい人は来てください」というようにして、行き詰まっている子どもを対象としてミニ授業を行います。「理解できたら戻ってもよい」ということにして、自由に自席と教師机を行き来できるようにしておきます。

・授業とは別の指導

１回目に教えた手だてで子どもが理解できなかったとします。「その子に必要な手だては、その方法ではなかった」ということなのです。そうなると、**異なる方法で教える必要があります。**

たとえば、タイルを用いて10のまとまりを教えたけれども、うまく理解できないのであれば、その方法に固執すべきではないのです。たとえば１００玉そろばんを用いるのもよいし、お金の模型を見せるのもよいでしょう。その子どもに合った具体物を見つけられるようにしましょう。

指導方法については、他社の教科書を活用するのが、よい方法です。他社の教科書では、異なる方法で解説がなされていることがあります。図書館に行けば、他社の教科書を置いている場合があります。大学図書館なども、一般に開放しているところがあります。このように施設をうまく活用しましょう。

・人を替える

さらに、人を替えるというのも1つの手だてです。担当する教師の指導では理解することができなかったのですから、人そのものを替えてみるのです。

……といっても、単元のたびに教師を変更するわけにはいきませんよね。そこで、**チーム・ティーチングで別の教師に教えてもらったり、あるいは、理解できるようになった子どもが教えたりするような手だてをとります。** 適切な解説動画を視聴させるのも、よい方法といえるでしょう。また、発展学習で子どもが作る解説動画を見れば、理解できることもあります。

同じ指導方法を繰り返したとしても、子どもはなかなかできるようにはならないものです。**様々な手だてを用意して、子どもにとってぴったり理解できるものを探しましょう。**

できるようになった子どもへの課題

できる子どもは発展学習に取り組む

一方で、「できるようになった子どもをどうするか」という問題があります。

もちろん習熟は必要なので、繰り返し問題を解くのは大事なことなのですが、同じ問題ばかりを解いているのもつまらないものです。

そこで、発展学習に取り組みます。

教師は、その子どもたちに手をかけることは難しいです。

なぜなら、個別学習の間、教師はまだできない子どもにつきっきりになっているからです。つまり、教師の助言が必要な課題は、取り組ませることはできません。

ということは、発展学習は、**「ある程度の困難さがありながら、自分たちだけで進められるもの」**が適しているといえます。

そこで、子どもの実態をみて、次のような活動に取り組むことを許可します。

これらの活動を提示して、いずれかを選んで活動させるようにします。黒板に書いて提示したり、画用紙に書いておき貼り付けるようにしたりすると、そこから選ぶことができるためスムーズです。

ただし、教師からの助言は必要以上に与えないようにします。発展問題に取り組む子どもは、既に目標へ到達しているのです。個別学習の時間、教師が注力すべきは、未到達の子どもです。

できるようになった子どもたちには、「すごい！」「いいね」「よくできている」など短く認めて、「次は〇〇をやってみたら？」「〇〇も難しいよ」などと方向性を示すに留めましょう。

・プリント学習

黒板の前には、これまでに取り組んできたプリントの余りと答えを置いておきます。これらの問題に取り組んでもよいことにします。

・ＡＩドリル

タブレットに入っているソフトや、オンラインソフトでの学習を進めます。解答や解説を見て、繰り返し問題を解いて、習熟を深めます。

・ミニ先生

子どもにミニ先生になってもらい、分からなくて困っている子どもへ教えに行ってもらいます。

ただし、この役割を子どもにさせるには、「本人が希望している場合のみ」とします。「早く終わったんだから、ほかの子どもに教えに行ってあげて」というのは、捉え方によっては、子どもの学習権の侵害ともなりかねないからです。

・解説動画づくり

問題の解き方を動画で作成します。教科書に載っている問題について、解き方を解説し、その動画を学級メンバーに向けて公開します。

・問題づくり

ほかの子どもに向けて、問題を作成します。たとえば、スライドにまとめてみたり、問題文をつくったりして、学級全体に向けて発信します。タブレットやパソコンを活用しましょう。

・友達の問題を解く

「問題づくり」で作成した問題を解きます。分からない場合は、作成者にヒントをもらうことも許可します。

・ハイレベル問題

教科書やドリルには、発展的な問題が掲載されています。そのような問題に取り組みます。1人で取り組んでもよいし、複数のメンバーで同時に取り組むことも許可します。教師用教科書を置いておき、解答や解説なども、自由に見てよいことにします。

受験問題を数枚コピーして置いておけば、受験に臨む子どもたちが取り組むことも考えられます。

コラム●テストには経験した問題しか出さない

完全習得学習の過程を終えたら、単元末にテストを行います。

成績を決定するためのテストです。

ここで、「テスト内容がどのような問題か」というのが重要になります。

「知識・技能」に関するテスト内容は、必ず授業で扱った内容を出題します。

もしも「まったく見たことのないような問題」を出題してしまうと、学びの成果をみることができないからです。

また、子どもの側にも、「努力しても成果に結びつかないのだ」と感じさせてしまいます。

それでは、学びへのモチベーションを失わせてしまいかねません。

したがって、「それまで学習した内容のみ」をテストとして出題することが基本ということになります。

小学校であれば、市販テストを活用するのが一般的でしょう。

授業をつくる前には、必ずテスト内容に目を通さなければいけません。

そして、「知識・技能」に関するテスト内容に含まれる項目については、練習問題として取り組めるようにしておきます。（思考力を問う問題については、初見の問題も想定されます。使いこなす力を見るのでありこの点に関しては完全習得学習の範囲外です。）

このような確認は、「習ったことのない問題が出ている」という事態を防ぐのが目的です。間違っても、「テスト内容ばかりをやらせればよい」ということではありません。念のため。

第7章 完全習得学習のアレンジ

ケース別　完全習得学習アレンジ

▼学級と授業の実態に応じたアレンジを

ここからは、完全習得学習の2次学習のアレンジについて述べていきます。
完全習得学習の2次学習の基本的な流れは、次の通りです。

①協同学習
②形成的テスト→個別学習
③個別学習

この3時間で実施する形式は、いわば「基本形」です。
どの授業でも同じ形態でできるかというと、そううまくはできません。
授業の時数や、単元の難易度、子どもたちの学習状況、1次学習の成功の具合など、様々に要因はあるのです。

また、毎回同じ流れで２次学習を進めていると、子どもたちも飽きてしまいます。多少の変化を取り入れていかなければいけません。

したがって、状況に応じて、２次学習の時数や内容を組み替えていく必要があります。

そもそも、十分に習得が見込めているようであれば、短時間でよいのです。

１時間や２時間でも事足りることでしょう。

逆に、重点的に習熟を深めたいような場合は、４時間設定するのも可能です。

たとえば、学年末テストの手前に、復習のために４時間設定するなどの手だても考えられます。

ただし、どれだけ長い単元であったとしても、上限は４時間まであると捉えておきましょう。５時間より多くやるのは、明らかに偏り過ぎであり、詰め込み学習のようになってしまうため、好ましくないと考えられます。

基本は、２～３時間です。短くても１時間だけは確保する。

よほど長くとりたい場合で４時間、ということです。

それでは、１～４時間の完全習得学習のアレンジ方法の例を紹介していきます。

ここに挙げるのも例であって、これを参考にしたうえで、学級の子どもたちに合う２次学習の形を模索してみてください。

1時間だけで確認したい場合

形成的テストで学習状況を把握させる

①形成的テスト↓個別学習

習得状況が十分な場合とか、時間が十分にとれないような場合には、1時間だけで形成的テストと個別学習を実施します。

単元末のテスト前に、最終確認の時間として設けます。1時間の中で、形成的テストを行い、目標未到達の子どもへのフォローを行います。

最低でも1時間は、このような「知識・技能」の確認の時間は設定したいものです。

①形成的テスト→個別学習

1時間では、時間内にフォローする

確認としてやっておきたい場合（２時間）

▼先に形成的テストを実施する

①形成的テスト↓個別学習
②協同学習

２時間しか時数を確保できない場合には、形成的テストで分かっていない子どもを把握します。協同学習で子ども同士が教え合いをしている最中に、教師もグループに加わり、未到達の子どもを支援するようにします。

①形成的テスト→個別学習

②協同学習

２時間では、協同学習の中で支援する

目標未到達の子どもが多い場合（3時間）

▼再び協同学習をして、できる子どもを増やす

①協同学習
②形成的テスト↓個別学習
③協同学習

形成的テストの結果、未到達の子どもがあまりにも多いことがあります。
そのような状況だと、個別学習では、フォローしきることができません。
その場合は、3時間目も協同学習にしましょう。
班の仲間のフォローを受けることで、できない子どもをできるようにしていきます。
協同学習に教師も介入して、目標未到達の子どもの支援をします。

①協同学習

②形成的テスト→個別学習

③協同学習

できない子どもが多い場合の３時間では、
再び協同学習を行い支援する

確実に完全習得させたい場合（4時間）

▼チェックを2回にして、確実にできるようにする

①協同学習
②形成的テスト↓個別学習
③協同学習
④形成的テスト↓個別学習

確実に学力を伸ばす方法として、形成的テストを2回はさみこむ方法があります。

1回目のチェックで誰ができないのかを把握して、協同学習の間に支援します。

さらに、2回目のチェックでも成果を確認し、その時間のうちにまだできない子どもをフォローします。

①協同学習

②形成的テスト→個別学習

③協同学習

④形成的テスト→個別学習

確実に習得させたい４時間では、協同学習から個別学習のサイクルを２周する

子ども同士の学び合いを中心に進めたい場合（4時間）

▼みっちりと協同学習を組む

①協同学習
②協同学習
③形成的テスト↓個別学習
④個別学習

協同学習の効果が高く見られるようであれば、ここに大きく時間を設けるのもよいでしょう。2回の協同学習を設定すれば、かなり多くの子どもが目標に到達します。

その際、協同学習の内容はできるだけ異なる内容にしましょう。飽きてしまうことがあるからです。たとえば、1時間目はプリント学習をするとしたら、2時間目は「ＡＩドリル」「教科書の問題」「宿題用のドリル」というように内容を変化させます。

①協同学習

②協同学習

③形成的テスト→個別学習

④個別学習

協同学習の効果が高い学級の４時間では、
協同学習の時間を２時間続きで設ける

コラム●完全習得学習とフロー経験

あなたは、学習を終えたときに「ああ、やった！　分かった！　うれしい！」というような快感を覚えたことはありませんか。

このような深く持続する幸福体験を「フロー」と呼びます。フローは、自分にとってやや困難なレベルの課題を達成したときに生じるとされています。

完全習得学習は「フロー経験を得やすい学習方法」であると、アメリカの教育心理学者スペディが述べています。

フローは、「課題の難しさ」と「自分の能力のバランス」がとれている場合に起こる可能性が高いとされています。

たとえば、課題が難し過ぎるとなれば、やる気が起こりません。

一方で、課題が簡単過ぎたとしても、それはそれで退屈であり、快感は得られないのです。

完全習得学習では、個別学習が設定されています。

この段階では、各々のレベルに合った課題をやることになります。

初歩の段階でつまずいている子どもは友達や教師の支援を受けて、分かるようになった喜びを得ます。中間層の子どもは基本問題をやり、習熟を深めます。達成できている子どもは、嬉々として難問に挑戦します。

完全習得学習では、簡単過ぎず、難し過ぎない、その子どもにとってもっとも適切な課題をやることになります。

まさに、フロー経験を得やすい課題が与えられていることになるのです。


これは、一般的な一斉授業では成し得ないことです。

なぜなら、授業では一定のレベル（学級のちょうど中間層あたり）にねらいを定めているため、学級全員のちょうどよいレベルにはなり得ないからです。

中間レベルに定めて授業を進めると、下位の子どもには難しくて、上位の子どもには退屈になってしまうのです。


「課題の適切さ」という観点から見てみれば、完全習得学習は、全員のフロー経験を引き起こすのに最適な授業方法であるということができるでしょう。

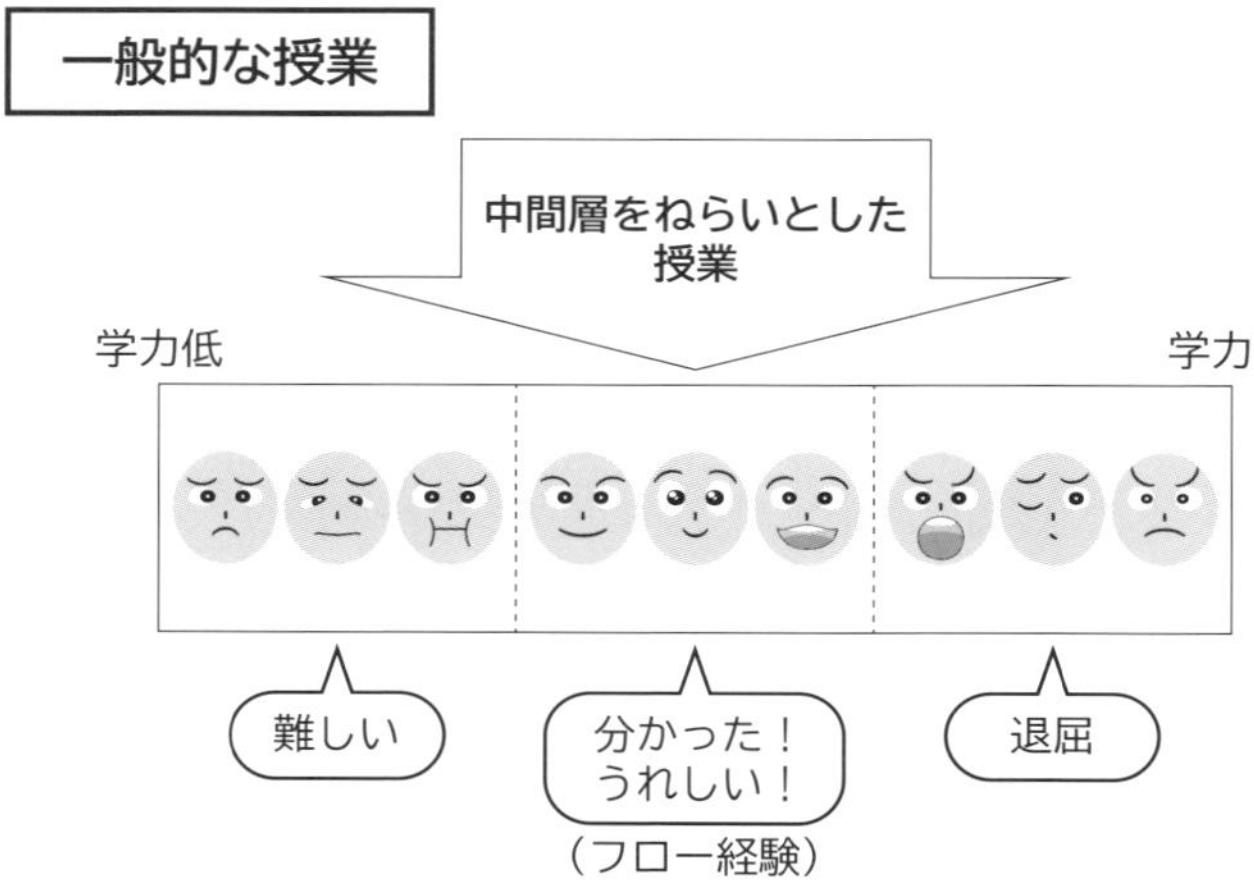

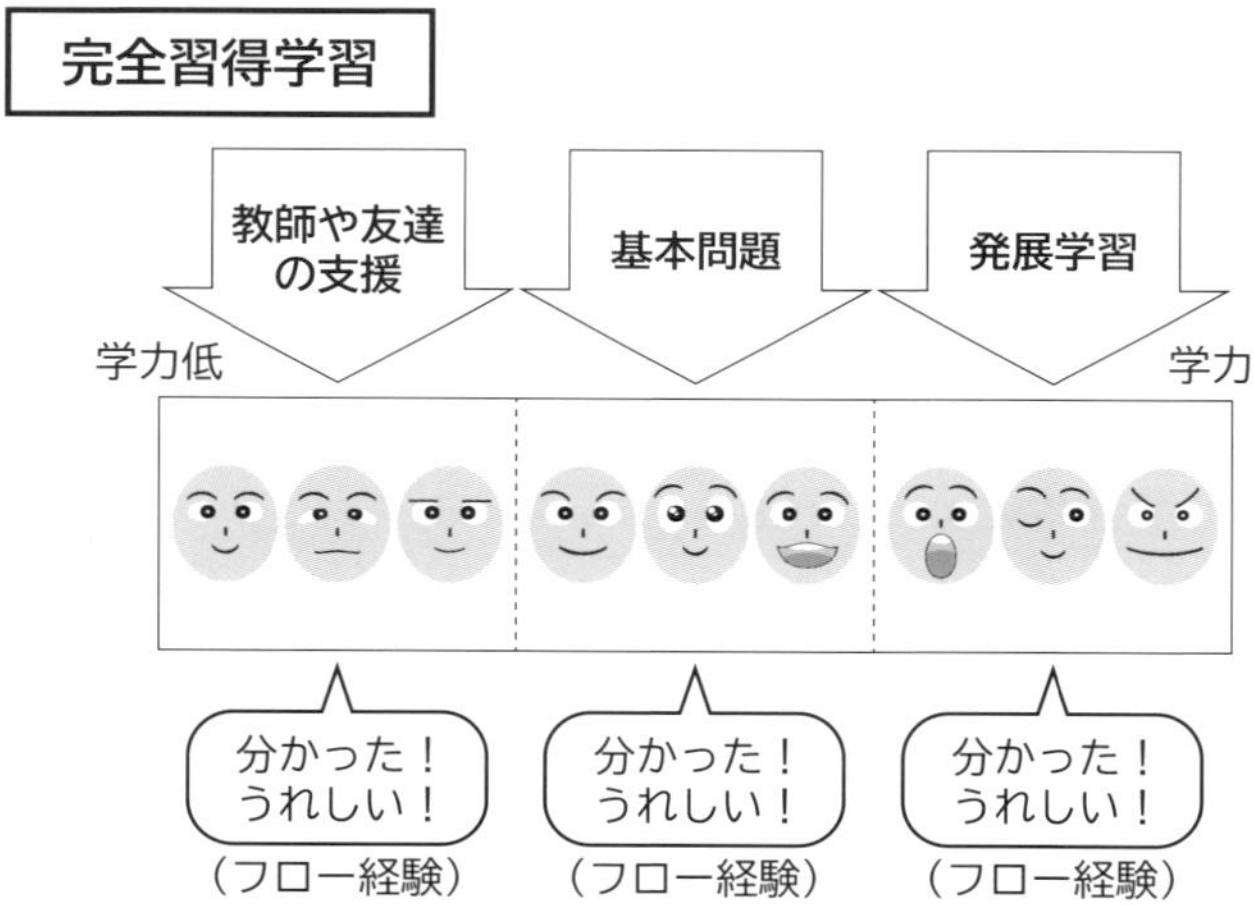

完全習得学習は、フロー経験を得やすい学習方法

第8章

Q&A

Q. 解くのが速過ぎる子どもがいるのですが、どうすればいいですか？

A. 受験問題を用意する

受験を控えている子どもなど、圧倒的に周囲よりも解くのが速い子どもがいます。解く速さが段違いなので、授業中の問題は簡単過ぎるのです。地域によりますが、学級の1～2割以下の人数が想定されます。

そのような場合には、個別学習として、受験問題のような難しいプリントを用意しておきます。解答や解説も同時に用意しておきましょう。教師から教えることはしません。子どもたちだけで取り組ませます。1人で解いてもよいし、複数人で解いてもよいことにします。このタイプの子どもたちは、難しい問題に飢えているところがあるので、受験問題にも好意的に取り組むことでしょう。

Ｑ．どうしてもできない子どもがいる場合は、どうすればいいですか？

Ａ．全員達成が目的ではない

「完全習得学習」という名前から、学級全員をできるようにさせないといけないかのように捉えてしまう先生が見られます。しかし、それは誤解です。

完全習得学習を提唱したブルームは、全員ができるようになることを目指しながらも、必ずしも全員には期待していませんでした。ブルームが主張しているのは、**「特別な才能を持つ子どもが５％おり、不適正の割合も５％いる。その両極の間に、90％の人々がいる」**ということです。その90％の子どもに関して「十分に時間をかければできるようになる」と理論を展開し、実践を試みているのです。

ある意味では、少数の子どもについては、時間をかけてもできるようにならないことをも示唆しています。

では、できない子どもを見捨てるのかというと、決してそういうことではありません。そのような子どもについては、教室における特別支援など環境の整備をし、子どもが学習に困ることがないように支援を重ねていきましょう。

到達目標には、A評価のみではなく、B評価の設定もしておきましょう。

つまり、「最低限できるようになってほしい」というラインの点数です。

通常では、60点程度と考えられます。

60点未満はC評価となりますので、どれだけできない子どもであったとしても、せめてB評価になるように、個別の支援に取り組みましょう。

Ｑ．解いた問題はチェックしますか？

Ａ．スタンプだけ押しておく

子どもが取り組んだプリントなどは、ホッチキスで綴じさせて、いったん回収します。子どものプリントには、「間違っているのに丸をしている」ような状況が見られることでしょう。

丸つけの間違いがある場合であれば、ふせんを貼ったり、呼び出してやり直しをさせたりするなど、修正を求めます。

問題がなければ、一番上のプリントにスタンプを押して返却します。

赤ペンで助言を入れるようなことは、しません。子どもたちは一日に数十問の問題に取り組むわけですから、それに対して１問ずつじっくりと見ていくことは、現実的に不可能です。５分程度の時間で全員分をザッと確認します。

Q. 形成的テストの結果も成績に入れるべきですか？

A. 形成的テストの結果は成績に入れてはならない

形成的テストの結果は、絶対に成績に入れてはなりません。

「テスト」という名前がつくので、なんだか成績に入れないといけないような気がするかもしれませんが、決してやってはなりません。

形成的テストは、あくまでも途中経過を確認する過程なのです。

料理でたとえてみるならば、これは味見の段階です。味見の結果が料理の最終判定の評価に用いられたとすれば、それは不服に感じるのではないでしょうか。

形成的テストは、あくまでも「チェック機能」として捉えるようにしましょう。

形成的評価について詳しく知りたい方は、前作『学習評価入門』をご一読ください。

Q. 形成的テストの丸つけで行列ができてしまうのですが……

A. 先生のチェックは丸と点のみにする

形成的テストのチェックの際に、行列ができてしまうことがあります。まず、テストそのものは、できるだけ問題数の少ない、小さなテストにすることが望ましいでしょう。

また、採点の仕方にも気をつけなくてはいけません。ここで重要なのは、「誰ができていて、誰ができていないかを把握すること」です。指導は後でよいのです。とにかく、丸つけをすることに専念しましょう。

できているものだけに丸をつけて、できていない部分は丸をせずに返却します。目印として、点を打つようにするとよいでしょう。行列ができておらず、教師の手が空いた際に、そのような1人ではできない子どものフォローへと向かいましょう。

Q. グループを組む上での工夫点はありますか？

A. 最低でも1人は到達目標に達しているようにする

協同学習は、グループで取り組みます。このときのグループは、生活班などの形そのままで取り組んで構いません。学力を班ごとに均等にする必要はありません。ただし、グループ全員が到達目標に達していない状態であれば、協同学習が迷走する可能性があります。1人も目標に達していなければ、協同学習を進めていくことが非常に困難になります。

したがって、完全習得学習に取り組む際には、意図的な班編成が必要となります。

1人だけでも到達目標に達しそうな子どもが混ざるよう、学力の状況に考慮して班編成をしましょう。

Ｑ．「最初の授業」で理解できない子どもは、置いていくのですか？

Ａ．支援を受けながらできるようにする

最初の授業は、時間捻出のために、やや急ぎ足で授業を進めていくことになります。このことについて、「理解できない子どもは、分からないまま置いていくのですね？」と指摘を受けることがあります。

「理解できないままにする」という点には語弊があるように思います。支援を受けてできた経験を積み、進んでいくというのが正しいところでしょう。教師や友達の支援を受けて、解き方について理解する。あるいは、言葉の解釈や用い方について分かったうえで、授業を進めていくのです。**１人ではできないけれども、「手伝ってもらえればできる」という状態で進むのです。**決して置いていくわけではありません。後から、協同学習や個別学習を実施する中で、１人でできるようになればよいのです。

Q. 算数の教科でしかできないのではないですか？

A. 「知識・技能」のテストがある限り、どの教科でも可能

本書では分かりやすくするために、算数を例にしています。「知識・技能」の定着という点で、「できる・できない」がハッキリしているのが算数なので、算数が取り組みやすいのが確かです。

しかし完全習得学習は「知識・技能」を定着させることをねらいにしているのであり、どの教科でも「知識・技能」に関するテストがあるのですから、全教科で実施が可能なのです。

たとえば、理科や社会でも、ペーパーテストでは「知識・技能」を問うはずです。**そうであるならば、プリントなどの問題さえ用意できれば、反復して学習することが可能です。**

とはいえ、「知識・技能」の定着に関して、算数ほどの習熟の時間は必要ないはずです。したがって、１～２時間程度の時間を確保できることが望ましいでしょう。最も難しいのは、国語です。そもそも、テストと類似するような問題が見つけられないからです。

しかし、国語だって、「知識・技能」をペーパーテストで問うのであれば、練習問題は必要でしょう。テストの原則は、「やったことのない問題をテストで出さない」ことですから、この原則にも抵触してしまいます。

私は、国語の授業でも、問題をつくってプリント化していました。

国語だって、せめて1時間は問題と向き合う時間を設定すべきではないかと私は考えています。

Q. A評価が増えても問題は無いのですか？

A.「知識・技能」の項目については問題が無い

現在は、相対評価ではなくて、絶対評価が用いられるようになっています。正式には「目標に準拠した評価」です。完全習得学習では、到達目標を明確に決定して取り組んでいるわけです。たとえば95点というように、到達目標を決定して取り組んでいるのであれば、これはA評価がいくら増えても問題はないでしょう。

極端な話、学級全員が95点以上をとった場合には、「知識・技能」の項目については、全員A評価ということもあり得ます。

ただし、それは「知識・技能」という項目に限る話です。たとえば、「思考・判断・表現」はパフォーマンス課題で使いこなせる力になっているかどうかを見るし、「主体的に学習に取り組む態度」では、パフォーマンス課題や日常の活動を通して評価がなされるわけであって、これは全員がA評価になることは、まずないと考えられます。

Q. 完全習得学習は、「個別最適な学び」ですか？

A. 「個別最適な学び」の1種類

近年注目を浴びている言葉に、「個別最適な学び」があります。「個別」とは一人ひとりの個別のニーズに応じること、「最適」とは本人が望むものと効率的に出合えるようにすることを示します。「何を」個別最適化するかにより、授業の形態が異なります。「学び」そのものを最適化するのであれば、それは探究学習と呼ばれる授業になります。子どもたち自身が主体的に学びたいものを学び続けていきます。

一方で、共通の目標達成を目指して、「指導」を最適化するのが完全習得学習です。到達目標を同じにしながら、できない子どもには支援して、できる子どもには発展学習を与えるなど、子ども個人に最適な指導を行うのです。

完全習得学習は、個別最適な学びの1種類であるということができるでしょう。

Q. 完全習得学習だけやっていれば学力は高まりますか？

A. 高まるが、低次の学力に留まってしまう可能性も

完全習得学習をやっていれば、学力は確実に高まります。ただし、ここでいう学力というのは、基本的な「知識・技能」の分野です。学力は「知っている・できる」「わかる」「使える」というように段階的にあるものとされていますが、**完全習得学習で身につけられる学力は、「知っている・できる」の部分です。**

たとえば、「わかる」というのは、概念形成などの分野です。文章問題などの問題を解くことです。「使える」というのは、パフォーマンス課題などを通じて、身につけた知識や技能を使いこなすことを求めます。そのような高次の学力においては、完全習得学習で取り組むことは難しいのです。身につけた「知識・技能」を使いこなすような課題にも適宜取り組むべきだといえるでしょう。

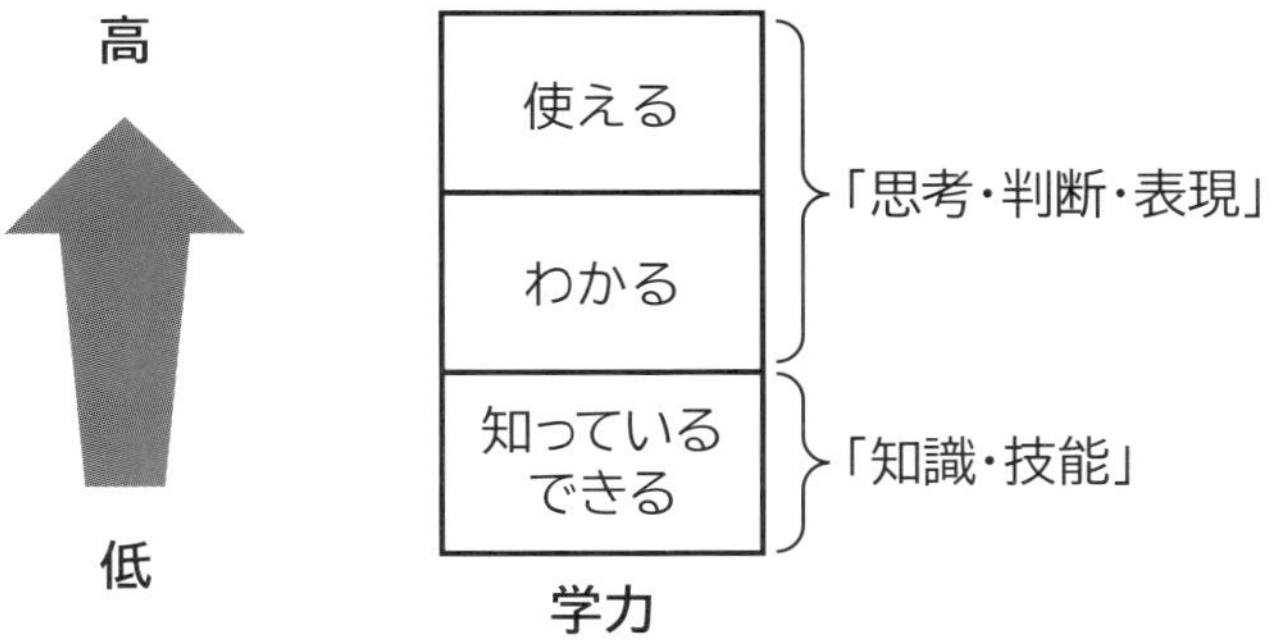

完全習得学習は「知識・技能」の
学力を高める

story 7
子どもたちに確かな力を身につけさせよう
手本先生！見てください！
子どもの学力がメキメキ伸びました！
それはよかった！
平均94点
100
95
100
やってみて思ったんですけど…
2次学習の時点で十分にできるようになっているのだからテストが解けるのは当たり前のことですね
協同学習
形成的テスト
個別学習
テスト
そうだね。今までは解き方を習うのは学校で
練習問題は宿題でやらせるようなことが多かった
習熟に関しては本人まかせだったわけだ
授業でやったぞ！復習していない君が悪い
ガ～ン
確かにこれまでは「習熟を深める授業」ってほとんどないですね
どうしてなんですか？
子どもによって必要な量と時間が違うからね
「授業の中では取り組みにくい」というのが理由じゃないかな
一体何枚プリントを印刷すればいいんだ!?
そういうことなのですね
でも今は1人1台タブレットがあるからかなりやりやすくなっているんだ

前半はプリント、後半はタブレットを使用することで量の問題が解決できるわけですね
ただし気をつけたいこともある
えっ?
現代では「知識・技能」を「使えるか」まで求められている
「知識・技能」が身につけられたなら使いこなすような授業づくりもまた必要だよ
使える
わかる
知っている できる
※『学習評価入門』参照
「知識・技能」は大事だけど、それだけで満足してはいけないということですね
気をつけます
引き続き子どもに確かな力を身につけさせられるようがんばっていこう!
はい!
100
できた〜!

おわりに

さて、いかがだったでしょうか。

「完全習得学習を現代に復活させる。」

そのような意気込みをもって本書を書き上げました。

とはいえ、完全習得学習が提唱された1970年代当時と現代とは違いがあります。アメリカで実施されていたこともあり、カリキュラムや学習文化の違いもあります。現代の日本の学校教育に適応させるために、本家の取り組み方とは異なるところはありります。現代的な機器を用いることを考慮すれば、今回提案する流れが最適だと解釈しています。そのような意図から提案していることをご了承ください。興味のある方は、参考文献にあるブルームの訳書にあたってみることをオススメします。

はじめて完全習得学習に取り組まれた方は、「授業中に、こんなに大量に問題に取り組ませることが可能なのか」と驚かれることでしょう。

完全習得学習では、特に協同学習や個別学習で、大量の問題を解きます。普段の授業で1問や2問しか取り組まないことと比較すれば、取り組みの分量の違いに圧倒されるはずです。

完全習得学習は、タブレット環境の整った今だからこそ取り組みやすい実践でもあります。

というのも、取り組みを進めるにつれて、個別学習へと移るときに、タブレットはきわめて重要な手だてになるからです。

たとえば、個別学習をプリント学習ばかりで進めようと思えば、「プリントが何枚必要なのか」が分からないところもあります。

その点、タブレットがあれば、子どもの状態に合わせて、適切な問題が与えられるし、そのうえ、紙も無駄になりません。用意もそれほど多く必要ありません。

さらにいえば、付加的な価値として、完全習得学習は「働き方改革」の1つになるとも思っています。

たとえば、算数・理科・社会の教科において完全習得学習を実践したとすれば、1日のどこかで2次学習に取り組む時間があります。

2次学習そのものには、教材研究はほとんど必要ありません。個別学習の準備だけすればよいのです。子ども個人の困りにじっくり応えることができるという、ゆとりのある時間が創出できるわけです。大きな準備を必要とせず、子どもの学力を保障することに注力できるわけですから、これは教師の働き方にとってもプラスになるものだと思うのです。

学習というのは、かなり泥臭いものだと考えています。

昨日できるようになったはずのことが、今日にはできなくなってしまっている。今日できなかったと思ったら、また明日にはできるようになっている。

学習というのは、そうやって、「できる」「できない」や「わかる」「わからない」の間を往還しながら、ようやくまとまった知識として習得されていくものです。

完全習得学習の方法では、授業の中で繰り返し学習することで、学びを少しずつ深めていきます。

ぜひ、完全習得学習に取り組んでみてください。1人でも多くの子どもをできるようにして、確かな学力を築き上げましょう。

三好　真史

参考文献

・稲葉宏雄『学力問題と到達度評価　上』あゆみ出版（１９８４）
・Ｂ・Ｓ・ブルーム他著、渋谷憲一、藤田恵璽、梶田叡一訳『教育評価法ハンドブック：教科学習の形成的評価と総括的評価』第一法規（１９７３）
・金豪権著、梶田叡一監訳『完全習得学習の原理：マスタリー・ラーニング』文化開発社（１９７６）
・梶田叡一、植田稔編『形成的評価による完全習得学習』明治図書出版（１９７６）
・田中耕治編『よくわかる授業論』ミネルヴァ書房（２００７）
・Ｊ・Ｈ・ブロック他著、稲葉宏雄、大西匡哉監訳『教科指導における完全習得学習』明治図書出版（１９８２）
・Ｂ・Ｓ・ブルーム著、稲葉宏雄、大西匡哉監訳『すべての子どもにたしかな学力を』明治図書出版（１９８６）
・ジョン・ハッティ、クラウス・チィーラー著、原田信之訳者代表『教師のための教育効果を高めるマインドフレーム―可視化された授業づくりの10の秘訣』北大路書房（２０２１）
・ピーター・ブラウン、ヘンリー・ローディガー、マーク・マクダニエル著、依田卓巳訳『使える脳の鍛え方　成功する学習の科学』ＮＴＴ出版（２０１６）
・石井英真『中学校・高等学校　授業が変わる学習評価深化論』図書文化社（２０２３）
・Guskey, Thomas R. (1985). *Implementing mastery learning*. Belmont, CA: Wadsworth.
・Block, James H. and Anderson, Lorin W. (1975). *Mastery Learning in Classroom Instruction*. New York: Macmillan.
・Block, James H. and Airasian, Peter W. (1971). *Mastery Learning: Theory and Practice*. New York: Holt, Rinehart and Winston.
・Levine, Daniel U. (1985). *Improving Student Achievement Through Mastery Learning Programs*. Hoboken, NJ: Jossey-Bass Inc Pub.

プロフィール

三好真史（みよし しんじ）

１９８６年大阪府生まれ。

堺市立小学校教諭。

京都大学大学院教育学研究科修士課程修了。

メンタル心理カウンセラー。

教育サークル「ふくえくぼの会」代表。

著書に『子どもがつながる！クラスがまとまる！　学級あそび１０１』（学陽書房）『教師の言葉かけ大全』（東洋館出版）『指名なし討論入門』『学習評価入門』（ともにフォーラム・A）など。

完全習得学習入門

2025年３月10日　初版　第１刷発行

著　者　三 好 真 史

発行者　面 屋　 洋
企　画　フォーラム・A
発行所　清風堂書店
〒530-0057　大阪市北区曽根崎2-11-16
TEL（06）6365-5606
FAX（06）6365-5607

デザイン　ウエナカデザイン事務所
イラスト・漫画　楠美マユラ
印　刷　尼崎印刷株式会社
製　本　株式会社高廣製本

ISBN978-4-86709-315-3　C0037
乱丁・落丁本は、送料小社負担にてお取り替え致します。